DAS RIESENBUCH DER PFERDE UND PONYS

DAS RIESENBUCH DER PFERDE UND PONYS

ILLUSTRIERT VON

Simon Mendez &

Val Walerczuk

GESCHRIEBEN VON

Tom Jackson &

Diana Ferguson

Die Originalausgabe erschien 2020 bei Weldon Owen Children's Books,
einem Imprint von Weldon Owen International, L.P.,
einer Tochtergesellschaft von Insight International, L.P.
PO Box 3088
San Rafael, CA 94912
www.insighteditions.com

Verlegerin: Sue Grabham
Kreative Leitung: Bryn Walls
Design: Simon Mendez und Val Walerczuk
Chef-Designer: Tom Forge
Leitende Redakteurin: Diana Craig
Koordination: Pandita Geary
Beratung: Kim Bryan

Insight Editions:
Herausgeber: Raoul Goff
Präsidentin: Kate Jerome

Titel der Originalausgabe: The Magnificent Book of Horses

2. Auflage 2021

moses. Verlag GmbH, Arnoldstraße 13d, 47906 Kempen
Fon: 0 21 52 - 20 98 50, Fax: 0 21 52 - 20 98 60
Mail: info@moses-verlag.de, www.moses-verlag.de

Gesamtproduktion: Print Company Verlagsges.m.b.H., Wien
Übersetzung aus dem Englischen: Anita Weinberger-Schwendenwein

ISBN 978-3-96455-095-8

Printed in China

Einleitung

Pferde findet man überall auf der Welt, friedlich auf Wiesen grasend, über Rennstrecken rasend, in Städten auf cen Straßen trottend oder wild über Ebenen und Marschland laufend. Jahrhundertelang waren die Menschen von Pferden als Helfer und Gefährten abhängig. Die Vorfahren dieser erstaunlichen Tiere streiften einst frei über die unberührte Erde, doch die Menschen fingen und zähmten sie, um all die verschiedenen Rassen zu züchten, die wir heute kennen.

Das Riesenbuch der Pferde und Ponys stellt dir einige der wichtigsten Züchtungen weltweit vor. Lerne den mächtigen Percheron und den kräftigen Shire kennen. Reite auf einem Jütländer, galoppiere auf einem Camargue-Pferd durch die Sümpfe oder treibe das Vieh auf dem Rücken eines Mustangs zusammen. Bewundere tanzende Lipizzaner und erfahre, warum Beduinen ihre Araber über Nacht in den Zelten hielten. Erfahre auch, wie Achal-Tekkiner frostige Nächte und glutheiße Tage in den Steppen Zentralasiens überleben.

Lerne auch andere erstaunliche Rassen kennen, wie das blauäugige Island-Pony und den Falabella aus Argentinien, der nicht größer als ein Hund ist.

Steige in den Sattel, nimm die Zügel in die Hand und reite in die Welt hinaus, mit all ihren faszinierenden und wundervollen Pferden.

Steckbrief

Es gibt bestimmte Begriffe, um Pferde zu beschreiben, die du in den Steckbriefen findest:

Gruppe: Züchtungen werden in schwere und leichte Pferde sowie Ponys unterteilt.

Stockmaß: Bei Pferden wird die Höhe des Widerrist (höchster Punkt bei gesenktem Kopf) gemessen.

Farben: Pferde können Rappen oder Schecken sein oder:

- *Braune:* Mähne und Schweif schwarz
- *Füchse:* rotbraun
- *Falben:* Mähne und Schweif schwarz
- *Schimmel:* fast weiß bis dunkelgrau
- *Palominos:* cremefarben, Mähne und Schweif weiß

Inhalt

Camargue-Pferd

- Camargue-Pferde werden auch ‚Pferde des Meeres' genannt. Sie leben im Marschland der Camargue im Süden Frankreichs, wo der Fluss Rhône ins Meer mündet.

- In der Camargue lebten Pferde schon vor 15.000 Jahren. Die heutige Züchtung ist eine Kreuzung zwischen diesen historischen Pferden und spanischen, nordafrikanischen und anderen Rassen.

- Auf sumpfigem Grund ist es für Pferde schwer zu traben. Camargue-Pferde gehen oder kantern dagegen durch das Marschland.

- Camargue-Pferde leben wild in kleinen Herden, die man *Manades* nennt. Die Fohlen werden im Freien geboren.
- Französische Cowboys, *Gardians,* reiten die kleinen, robusten Pferde, um die schwarzen, im Marschland grasenden Camargue-Stiere zusammenzutreiben.
- Die Camargue-Pferde ernähren sich von grobem Ried, trockenem Gras und dem sogenannten Meerfenchel, der im Marschland wächst. Andere Pferde würden dieses Futter nicht mögen.

Steckbrief

Gruppe: Leichtes Pferd
Stockmaß: 135–150 cm
Farbe: Meist graue Schimmel
Charakter: Gutmütig
Ursprung: Rhône-Delta, Frankreich
Einsatz: Reiten

Achal-Tekkiner

- Der Achal-Tekkiner ist etwa 3.000 Jahre alt. Man vermutet, dass er von einem historischen Wildpferd Zentralasiens abstammt.

- Der erste Achal-Tekkiner wurde in Turkmenistan in Zentralasien gezüchtet. Sie wurden nach den Teke-Nomaden benannt, die in der Nähe der Achal-Oase lebten.

- Achal-Tekkiner mussten schnell und zäh sein, um in streitbaren Herden durch die Wüste zu jagen. Zur Vorbereitung auf den Ritt bekamen sie wenig Futter.

- Um die Achal-Tekkiner in den Nächten warm zu halten, wurden sie mit mehreren Lagen behaglichem Filz umwickelt. Die Nachttemperaturen in den Steppen, wo sie lebten, können unter den Gefrierpunkt fallen.

Steckbrief

Gruppe: Leichtes Pferd
Stockmaß: 150–163 cm
Farbe: Falben, Schimmel, Füchse, Rappen, mit seidenem Glanz
Charakter: Gelassen
Ursprung: Turkmenistan
Einsatz: Reiten

- Das kurze Fell der Achal-Tekkiner hält sie in den heißen Wüstengebieten, aus denen sie kommen, während des Tages kühl.

- Die feinen Haare der Achal-Tekkiner verleihen dem Fell einen metallisch schimmernden Glanz. Wahrscheinlich erhielten sie deshalb den Spitznamen ‚goldene Pferde'.

- 1935 testete eine Gruppe von Reitern das Durchhaltevermögen der Rasse. Sie ritten mit Achal-Tekkinern über Tausende Kilometer von Turkmenistan nach Russland. Die Reise dauerte 84 Tage, davon drei Tage, um die öde Karakum-Wüste zu durchqueren.

Holsteiner

- Der Holsteiner zählt zu den ältesten mittelgroßen deutschen Pferderassen.
- Der Name der Rasse stammt von Holstein, einem Gebiet nahe des Meeres im Norden Deutschlands.
- Die ersten Holsteiner wurden von Mönchen gezüchtet. Sie entwickelten aus den kleinen Wildpferden, die in den windigen Sumpfgebieten rund um das Kloster in Holstein grasten, eine neue Rasse.
- Holsteiner waren in Königshäusern beliebt. König Philipp II. kaufte oft Holsteiner-Hengste für sein Gestüt in Südspanien. Der König regierte vor 400 Jahren das mächtige spanische Reich.

Steckbrief

Gruppe: Leichtes Pferd
Stockmaß: 162–173 cm
Farbe: Braune, Rappen, Füchse, Schimmel
Charakter: Ruhig, unkompliziert
Ursprung: Deutschland
Einsatz: Reiten, Sport, Lasten ziehen

- Hunderte Jahre lang waren Holsteiner als Kutschenpferde beliebt. Sie arbeiteten in Gruppen, um Kutschen und Fuhrwerke zu ziehen.

- Deutsche Bauern liebten die frühen Holsteiner, weil sie starke und verlässliche Arbeitstiere waren. Soldaten schätzten sie auch, weil sie auf dem Schlachtfeld Mut zeigten.

- Holsteiner eignen sich gut für sportliche Wettkämpfe. Sie kantern sanft und gleichmäßig, deshalb sind sie gut zu reiten. Mit ihren kräftigen Beinen und schlanken Körpern sind sie ausgezeichnete Springpferde.

Connemara-Pony

- Dies ist die einzige Ponyrasse aus Irland. Sie ist nach einem Gebiet im Westen Irlands an der wilden Atlantikküste benannt.
- Vor etwa 1.000 Jahren griffen Wikinger Irland an. Connemara-Ponys sollen von den Pferden abstammen, die mit den Wikingern in deren Langschiffen mitfuhren.
- Dieses starke, robuste Pony passt perfekt in seine raue Heimat Connemara, eine Wildnis mit Bergen, Mooren, Sümpfen und Marschland.
- Das Connemara-Pony hat immer einen kleinen, zarten Kopf, ähnlich wie ein Araber. Vielleicht sind die beiden Rassen verwandt.

Steckbrief

Gruppe: Pony
Stockmaß: 127–147 cm
Farbe: Meist Schimmel, Rappen, Füchse, Braune, Falben
Charakter: Freundlich
Ursprung: Irland
Einsatz: Reiten, Lasten ziehen

Bis vor weniger als hundert Jahren verließen sich irische Bauern völlig auf ihre Connemara-Ponys. Sie zogen die Pflüge und trugen den Torf für das Feuer sowie Seetang, um die Felder zu düngen.

Das erste Connemara-Pony hieß Cannon Ball. Es wurde in Rennen eingesetzt und war berühmt für seine Schnelligkeit und Stärke. Als Cannon Ball starb, kamen Menschen meilenweit angereist, um sich von ihm zu verabschieden.

Przewalski-Pferd

- Einst durchstreiften Herden der stämmigen, muskulösen kleinen Pferde die weiten Steppen und Graslandschaften zwischen der Mongolei und China.
- Bis vor etwa 140 Jahren glaubte man, dass dieses Wildpferd ausgestorben sei. Dann stieß der russische Forscher Nikolai Przewalski in den abgelegenen Bergen der Mongolei auf eine Herde.
- Man nennt das Przewalski-Pferd auch asiatisches Wildpferd oder Takhi. Es ist das einzige Pferd, das niemals gezähmt wurde.
- Um die Art zu erhalten, züchteten Wissenschaftler gefangene Przewalski-Pferde und entließen sie wieder in die Freiheit. Alle heute lebenden Przewalski-Pferde stammen von nur zwölf Einzelpferden ab.
- Die Przewalski-Pferde gehören zur selben Familie wie Zebras und Wildesel. Wie diese haben sie eine kurze, aufstehende Mähne. An den Seiten können manchmal blasse Streifen auftreten.

Steckbrief

Gruppe: Wildpferd

Stockmaß: Bis zu 142 cm

Farbe: Hellbraun mit dunklerer Mähne, Schweif und Unterbeinen

Charakter: Unbekannt

Ursprung: Zentralasien

Einsatz: Lebt wild

Im Winter fallen die Temperaturen in der Steppe, wo die Przewalski-Pferde leben, weit unter den Gefrierpunkt. Dann wächst den Pferden ein extra dickes Fell, um sie vor der Kälte zu schützen.

Mustang

- Mustangs galoppieren frei über die weiten Prärien im Westen der USA. Sie sind ‚verwilderte' Pferde, das bedeutet, dass ihre Vorfahren gezähmt waren, dann aber in die Wildnis entkamen.
- Man vermutet, dass die ersten Mustangs Nachkommen der Pferde der spanischen *conquistadores* (Eroberer) sind, die etwa vor 500 Jahren in Amerika ankamen.
- Der Name Mustang wird abgeleitet von *mesteño*, dem spanischen Wort für ‚wild' oder ‚streunen'.
- Die Stämme der Choctow- und Chickasaw-Indianer, die im Südwesten der USA lebten, fingen die wilden Mustangs ein. Sie verwendeten sie, um damit ihre eigene Rassen wie das Chickasaw-Pony zu züchten.
- Eine berühmte Mustangherde lebt im amerikanischen Staat Nevada. Man nennt sie Annies Pferde, nach Wildpferd-Annie, die sich für den Schutz von verwilderten Pferden und Eseln einsetzte.

- Mustangs galoppieren schnell, haben große Ausdauer und ermüden nicht sofort.

- Mehr als die Hälfte der verwilderten Pferde Amerikas lebt im Staat Nevada. Eine der staatlichen Münzen zeigt drei wilde Mustangs auf der Rückseite.

Steckbrief

Gruppe: Leichtes Pferd

Stockmaß: 142–152 cm

Farbe: Alle Farben

Charakter: Eigensinnig

Ursprung: Mexiko und westliche USA

Einsatz: Lebt wild

Andalusier

- Die schönen Andalusier besitzen lange, gebogene Hälse sowie fließende Mähnen und Schweife.
- Dieses Pferd ist nach Andalusien in Südspanien benannt, wo seine Vorfahren Tausende Jahre lang lebten. Man fand Höhlenmalereien der historischen Pferde, die mehr als 20.000 Jahre alt sind.
- Viele der ersten Andalusier wurden von Mönchen gezüchtet, die detaillierte Aufzeichnungen über die Züchtungen führten.
- Im modernen Spanien nennt man die Andalusier *pura raza española*, was ‚reine spanische Rasse' bedeutet.
- Dieses ausdauernde, stämmige Tier war einst bei verschiedenen Armeen als Streitross beliebt.
- Früher hielt man die Andalusier für die besten Pferde der Welt. Sie waren sehr teuer und ihre Besitzer waren Könige und Aristokraten.

Steckbrief

Gruppe: Leichtes Pferd

Stockmaß: 152–173 cm

Farbe: Meist Schimmel

Charakter: Übermütig

Ursprung: Spanien

Einsatz: Reiten

Araber

- Man vermutet, dass die Araber von den Wildpferden abstammen, die einst in der arabischen Wüste lebten. Sie wurden von den Beduinen, einer Gruppe von Nomaden, die durch die Wüste wanderten, gezähmt. .

- Die Beduinen, die die ersten Araber züchteten, liebten ihre Pferde. Besonders schätzten sie die Stuten. Um zu verhindern, dass sie gestohlen wurden, hatten sie sie über Nacht bei sich in den Zelten.

- Etwa vor 1.300 Jahren ritten Armeen von der arabischen Halbinsel aus, um Teile von Europa, Afrika und Asien zu erobern. Sie brachten ihre Araberpferde in diese Teile der Welt.

- Da sie aus der Wüste kommen, brauchen Araber weniger Wasser und Futter als andere Pferde. Manchmal können sie auch schneller laufen als andere Rassen.

- Araber wurden in Europa erst beliebt, als man mit Pferderennen begann. Der schnelle Araber wurde verwendet, um englische Rennpferde zu züchten.

Steckbrief

Gruppe: Leichtes Pferd
Stockmaß: Bis zu 152 cm
Farbe: Alle Farben zulässig
Charakter: Gesellig
Ursprung: Arabische Halbinsel
Einsatz: Reiten

Knabstrupper

- Die ersten Knabstrupper wurden vor etwa 200 Jahren in Dänemark gezüchtet. Die ungewöhnliche Zeichnung dieser schönen Pferde machte sie in Europa zu einer der beliebtesten Züchtungen.

- Alle Knabstrupper stammen von eine Stute namens Flaebe ab. Sie wurde von Major Villars Lunn gekauft, der das Landgut Knabstrupgaard auf der dänischen Insel Sjælland besaß.

- Wie andere gescheckte Pferde hat der Knabstrupper blasse Streifen auf den Hufen.

Steckbrief

Gruppe: Leichtes Pferd
Stockmaß: 147 cm
Farbe: Tigerschecken
Charakter: Leicht zu trainieren
Ursprung: Dänemark
Einsatz: Reiten, Lasten ziehen

- Das dänische Pferd hat lange Beine, was es ihm erlaubt, beim Galoppieren weit auszugreifen.

- Der Knabstrupper ist sehr intelligent und kann für Auftritte in Sport-Shows trainiert werden. Sein breiter Rücken ist perfekt zum Reiten für Gymnasten und Athleten geeignet.

Basuto-Pony

- Basuto-Ponys kommen aus Lesotho, einem rauen, bergigen Land im südlichen Afrika.
- Das robuste, trittsichere Basuto-Pony stammt von den ersten Pferden ab, die in Afrika landeten. Sie kamen vor etwa 400 Jahren mit holländischen Händlern.
- Die Rasse wird nach dem Volk der Basuto in Lesotho benannt. Früher nannte man das Königreich Lesotho ‚Basutoland'.
- Heute tragen Basuto-Ponys Touristen, wenn diese die wilden und schönen Landschaften Lesothos erkunden.

- Basuto-Ponys trugen Soldaten in den Krieg und transportierten Nahrung und Ausrüstung in den Burenkriegen. Diese Kämpfe wüteten vor etwa hundert Jahren in Südafrika.

- Das Basuto-Pony passte sich zum Überleben an das raue Land an. Es hält extreme Hitze und Kälte aus. Die Hufe sind sehr hart und schützen so die Füße, wenn es durch die bergige Landschaft klettert.

- Einige Bergstraßen in Lesotho sind sehr steil, voller Löcher und schwer zu begehen. Die beste Art, in entlegene Gebiete zu kommen, ist oft auf dem Rücken eines Basuto-Ponys.

Steckbrief

Gruppe: Pferd

Stockmaß: 147 cm

Farbe: Lichtfüchse, Braune, Schimmel, Füchse

Charakter: Tapfer und fügsam

Ursprung: Lesotho

Einsatz: Reiten, Lasten ziehen

Isländer

- Die Vorfahren der Isländer kamen mit ihren Besitzern nach Island, die von Norwegen und Britannien aus die weite Strecke dorthin segelten.
- Diese Rasse ist per Gesetz geschützt. Es ist nicht erlaubt, andere Rassen mit ihr zu kreuzen. Seit 800 Jahren darf kein Islandpferd, das die Insel verlässt, zurückkehren.
- Obwohl er nur so groß wie ein Pony ist, ist der Isländer für seine Größe sehr stark.
- Um mit dem eiskalten Wetter zurechtzukommen, wächst dem Überlebenskünstler im Winter ein besonders dickes Fell, das er im Frühling abwirft.
- Isländer kommen in vielen Farben vor. Diese Rasse verfügt über vierzig verschiedene Fellfarben.
- Wenn Isländer blaue Augen haben, nennt man sie ‚Glasaugen'. Einige andere Rassen können ebenfalls blaue Augen haben.

Der Isländer kann Gangarten ausführen, über die viele andere Pferde nicht verfügen. Er beherrscht ein schnelles Gehen, genannt *Tölt,* und den rasanten, ‚fliegenden' Rennpass.

Steckbrief

Gruppe: Pferd
Stockmaß: 124–145 cm
Farbe: Alle Farben
Charakter: Freundlich
Ursprung: Island
Einsatz: Reiten

Falabella

- Dieses kleine, südamerikanische Pferd ist die kleinste Rasse der Welt. Es ist nicht größer als ein großer Hund.
- Die Vorfahren des Falabella waren kleine spanische Pferde, die auf den Grasebenen Südamerikas, den sogenannten Pampas, lebten.
- Die Rasse ist benannt nach Juan Falabella, der in Argentinien eine Ranch besaß, auf der er die kleinen Pferde züchtete.
- Diese winzige Rasse entstand durch die Kreuzung von einheimischen amerikanischen Pferden mit englischen Vollblütern, Criollos und Shetlandponys.

Steckbrief

Gruppe: Leichtes Pferd
Stockmaß: 63–86 cm
Farbe: Alle Farben
Charakter: Ruhig
Ursprung: Argentinien
Einsatz: Haustier, auch Kutschen ziehen

- Falabellas wurden sehr sorgfältig gezüchtet, mit schlanken Beinen sowie wehenden Mähnen und Schweifen.
- Der kleine Falabella ist nicht stark genug, um einen Reiter zu tragen, außer sehr kleine Kinder, aber er kann kleine Kutschen ziehen.
- Die meisten Falabellas leben heute in Nordamerika, wo sie als Haustiere gehalten werden.
- Falabellas sind intelligent und leicht zu trainieren, deshalb verwendet man sie manchmal als Führer. So wie Blindenhunde können sie Menschen helfen, den Weg zu finden.

Shire-Pferd

- Der sanfte Riese ist eine der stärksten Pferderassen. Ein Paar Shire-Pferde kann 15 Tonnen Gewicht ziehen, so viel wie sieben große Autos.

- Der Name der Rasse stammt von den Shires (Verwaltungseinheiten) in Mittelengland, wie Derbyshire, Lincolnshire und Leicestershire. Dort kamen einst die meisten Shire-Pferde Englands vor.

- Das Shire-Pferd ist berühmt für seine ‚Federung' – das lange weiße Haar, das die stämmigen Unterbeine bedeckt.

- Einst war das Shire das Arbeitspferd Englands, das alle Arbeiten eines heutigen Traktors ausführte, wie Pflüge und Eggen zu ziehen, um den Boden umzugraben und wieder einzuebnen.

- Früher verwendeten Brauereien in England Shire-Pferde, um Bier auszuliefern. Ein Pferdepaar zog mit Bierfässern beladene Fuhrwerke und lieferte sie in öffentliche Häuser.

- Die Königin von England besitzt ein Shire-Pferd namens Perseus. Es handelt sich um ein ‚Trommelpferd', das einen Reiter und zwei Trommeln bei königlichen Zeremonien trägt.

Steckbrief

Gruppe: Schweres Pferd
Stockmaß: 162–178 cm
Farbe: Rappen, Fuchs, Schimmel
Charakter: Sanftmütig
Ursprung: Midlands, England
Einsatz: Reiten, schwere Arbeiten

Konik

- Das Konik-Pony kommt aus Polen. Das Wort ‚konik' bedeutet auf Polnisch Pferdchen.

- In abgelegenen Gebieten Polens verwendete man Konik-Ponys für Feldarbeit. Konnten es sich die Bauern nicht leisten, sie den Winter durchzufüttern, ließ man die Ponys frei. Im Frühling fing man sie wieder ein.

- Dieses Pony ist klein, aber trotzdem stark; es ist kräftig genug, Fuhrwerke und Pflüge zu ziehen.

- 1936 eröffnete man in Ostpolen im Białowieża-Urwald ein Konik-Reservat. Dieses Gebiet war einst Teil eines Waldes, der sich über ganz Europa erstreckte.
- Konik-Herden verwendet man auch, um natürliche Grasflächen und Feuchtgebiete zu erhalten. Wenn die Ponys dort grasen, verhindern sie, dass Bäume und Büsche überhand nehmen.
- Die Rasse ist zu klein, um erwachsene Reiter zu tragen, aber bei Kindern sind Koniks sehr beliebt.

Steckbrief

Gruppe: Pony

Stockmaß: Bis zu 129–140 cm;

Farbe: Graufalben

Charakter: Freundlich, intelligent

Ursprung: Polen

Einsatz: Lebt halbwild, wird auch für leichte Arbeiten und zum Reiten verwendet

Englisches Vollblut

Das Englische Vollblut ist die Rasse, die heute am häufigsten bei Pferderennen eingesetzt wird. Früher wurde jedes Pferd, das schnell laufen konnte, dafür verwendet. Man nannte sie ganz einfach ‚Rennpferde'.

Ein Sieger-Vollblüter kann seinem Besitzer Millionen an Preisgeld einbringen, deshalb ist es die teuerste Pferderasse von allen. 2006 wurde ein Englisches Vollblut namens ‚The Green Monkey' für 16 Millionen Dollar verkauft.

Die Rasse wurde in England vor ungefähr hundert Jahren kreiert, als man drei Hengste, einen Berber, einen Turkmenen und einen Araber mit heimischen Stuten kreuzte.

Englische Vollblüter sind für die Geschwindigkeit gemacht. Sie sind schlank und stark und besitzen kräftige Hinterbeine.

Seabiscuit, das Vollblut aus Amerika, sah nicht wie ein Champion aus, wurde aber trotzdem zu einer Legende der Rennstrecken. Über ihn wurde sogar der Film *Seabiscuit* gedreht.

- Um andere Rassen zu verbessern, werden diese oft mit Englischen Vollblütern gekreuzt.
- Red Rum war eines der großartigsten englischen Rennpferde aller Zeiten. Dieses berühmte Englische Vollblut gewann das Grand-National-Rennen drei Mal.

Steckbrief

Gruppe: Leichtes Pferd

Stockmaß: Mehr als 152 cm

Farbe: Einfarbig

Charakter: Tapfer und übermütig

Ursprung: England

Einsatz: Reiten, Rennen

Jütländer

- Dieses schwere Pferd wird nach der Region Jütland in Dänemark benannt.
- Ritter im Mittelalter benutzten gern Jütländer für Turniere, wenn sie gegeneinander bei Lanzenkämpfen antraten.

Steckbrief

Gruppe: Schweres Pferd
Stockmaß: 152–165 cm
Farbe: Meist Lichtfüchse
Charakter: Ruhig, gutmütig
Ursprung: Dänemark
Einsatz: Schwere Lasten ziehen, Arbeit in der Landwirtschaft

- Eine alte dänische Geschichte erzählt, dass ein legendärer Held namens Svend einen Jütländer ritt, als er gegen einen Riesen in den Kampf zog. Man sagt, dass das die einzige Rasse gewesen sei, die dazu tapfer genug war.
- Jütländer waren einst als Streitrösser beliebt.
- Der Jütländer ist für schwere Arbeit gebaut. Sein starker, muskulöser Körper besitzt die nötige Kraft, um schwere Fuhrwerke und Kutschen zu ziehen.
- Dieses robuste Arbeitspferd zog über Jahrhunderte Pflüge und Karren. Sogar heute noch ziehen Jütländer Bierwagen durch die Hauptstadt Dänemarks, Kopenhagen.

Brumby

- Dieses zähe kleine Pferd wandert frei durch die wilde Ebene Australiens, die Outbacks. Brumbys leben in großen Herden, genannt ‚Mobs' oder ‚Banden'.

- Die Vorfahren des Brumby wurden während des australischen Goldrausches eingesetzt, als Tausende nach Gold schürften. Vor etwa hundert Jahren, nach Ende des Goldrauschs, ließ man die Pferde frei.

- Niemand weiß genau, wie die Pferde zu dem Namen kamen – vielleicht kommt er von ‚baroomby', das in der Sprache der eingeborenen Pitjara, die seit Tausenden Jahren in Australien leben, ‚wild' heißt.

- Manche Farmer halten Brumbys für eine Plage, weil sie die Ernten fressen und Zäune beschädigen.

- Brumbys können auch die Wildtiere Australiens schädigen. Sie fressen wilde Pflanzen, solche, von denen sich auch einheimische Tiere wie Wallabis ernähren.

- Thowra ist ein berühmter Brumby aus einer Buchreihe. Der Hengst ist der Star von *The Silver Brumby*, einer Geschichte, die im Südosten Australiens spielt.

Steckbrief

Gruppe: Leichtes Pferd
Stockmaß: 142–152 cm
Farbe: Alle Farben
Charakter: Eigensinnig
Ursprung: Australien
Einsatz: Verwildert

Lipizzaner

- Lipizzaner sind die Stars der Spanischen Hofreitschule in Wien, Österreich. Menschen aus aller Welt kommen, um diese wunderschönen Pferde zu Musik tanzen zu sehen.

- Ein Lipizzaner braucht Jahre, um alle vorgeschriebenen Bewegungen zu beherrschen. Die Figuren beinhalten Sprünge und das Balancieren auf den Hinterbeinen, was man ‚Levade' nennt und für Pferde unglaublich schwierig auszuführen ist.

- Nur die besten Hengste werden für die Spanische Hofreitschule ausgewählt. Sie werden in der Winterreitschule trainiert, die ursprünglich gebaut wurde, um Jungen aus adeligen Familien das Reiten beizubringen.

- Der Name Lipizzaner kommt von der Stadt Lipizza in Slowenien, wo sie zuerst gezüchtet wurden. Heute heißt die Stadt *Lipica*.

Steckbrief

Gruppe: Leichtes Pferd
Stockmaß: 152–162 cm
Farbe: Schimmel
Charakter: Intelligent, gehorsam
Ursprung: Slowenien
Einsatz: Reiten, Kutschen ziehen

- Alle Lipizzaner, die heute leben, stammen von sechs Hengsten und 24 Stuten ab, die vor mehr als 400 Jahren von Spanien nach Lipica gebracht wurden.
- Neugeborene Lipizzaner sind braun oder schwarz, werden jedoch mit dem Alter immer heller.
- Die Bewegungen, die man die Lipizzaner lehrt, waren ursprünglich dazu gedacht, die Reiter vor einem Angriff zu schützen.

Exmoor-Pony

- Exmoor-Ponys erhielten ihren Namen von Exmoor, der hügeligen Moorlandschaft im Südwesten Englands, die sie einst halbwild durchstreiften.
- Man vermutet, dass das Exmoor-Pony eine uralte Rasse ist. Es lebte Jahrhunderte in Exmoor, weit entfernt von anderen Pferden.
- Ähnliche Pferde wie die Exmoor-Ponys lebten schon vor 50.000 Jahren in Großbritannien.

Ponys aus Exmoor wurden bereits um 400 v. Chr. als gezähmte Arbeitstiere von den Römern eingesetzt, die damals Britannien regierten.

Die Farmer auf den rauen Hügeln rund um Exmoor verließen sich einst ganz auf diese Ponys. Sie hüteten die Herden, pflügten die Felder und trugen die Menschen zum Markt.

Exmoor-Ponys haben ‚Krötenaugen' mit wulstigen Augenlidern und einen ‚Schneeschutz' – Haarbüschel an der Spitze des Schweifes. Beides dient dazu, Regen und Schnee im nassen und windigen Exmoor abzuhalten.

Exmoor-Ponys helfen, Sumpfpflanzen zu schützen. Sie knabbern an den härteren Pflanzen und schaffen so Platz für zartere und seltenere Exemplare, die dazwischen wachsen.

Steckbrief

Gruppe: Pony

Stockmaß: 117–130 cm

Farbe: Falben oder Braune

Charakter: Freundlich

Ursprung: England

Einsatz: Reiten, leichte Lasten ziehen

Friese

- Diese schönen Pferde sind fast immer glänzend schwarz ohne weiße Zeichnung.

- Die Rasse kommt aus Friesland – einem flachen, weiten Gebiet mit Kanälen und Ackerland im Norden der Niederlande.

- Friesen sind für ihre Größe sehr stark und heben beim Traben die Knie. Sie werden bei Trabrennen eingesetzt, wo sie den zweirädrigen Sulky ziehen.

- Der friesische Sjees war ein leichter Wagen, der von Friesen gezogen wurde. Er hatte riesige Räder und Platz für zwei Leute.

- Schwarze Friesen werden oft von Bestattern verwendet, um die Särge bei traditionellen Begräbnissen zu ziehen.

- Friesen sind sanft und leicht zu trainieren, deshalb sind sie ideal für Filmaufnahmen geeignet. Friesen haben in Filmen wie *Die Chroniken von Narnia* und *Die Tribute von Panem* mitgespielt.

Steckbrief

Gruppe: Leichtes Pferd
Stockmaß: 152–170 cm
Farbe: Rappen
Charakter: Lernt schnell
Ursprung: Niederlande
Einsatz: Reiten, Karren ziehen

Brabanter

- Das riesige Pferd ist eines der schwersten und stärksten Pferde. Es wiegt zwei Mal so viel ein Rennpferd. Manchmal nennt man es auch Belgisches Kaltblut.

- Der starke Brabanter wurde speziell für das kalte, nasse Wetter und den schweren Boden belgischer Bauernhöfe gezüchtet.

- Vor der Erfindung von Traktoren und Lastwagen verrichtete das schwer arbeitende Pferd alle Arbeiten auf Bauernhöfen in Europa und Amerika.

- Ähnliche Pferde wie Brabanter wurden im Mittelalter als Streitrösser für Ritter in voller Rüstung in einer Schlacht eingesetzt.

- Der Brabanter wurde vor über hundert Jahren für die Zucht der französischen Ardenner-Pferde verwendet. Das große Arbeitspferd kommt aus Nordosteuropa.

- Ein Brabanter namens Brooklyn Supreme war vermutlich das schwerste Pferd, das je existierte. Er wog 1.451 kg; das ist mehr als ein Kleinwagen.

Steckbrief

Gruppe: Schweres Pferd
Stockmaß: 165–170 cm
Farbe: Meist Rotschimmel
Charakter: Freundlich
Ursprung: Belgien
Einsatz: Lasten ziehen, Landwirtschaft

Tennessee Walking Horse

- Diese Rasse ist berühmt für ihre spezielle Gangart, den schnellen ‚Running Walk'.
- Bei einem ‚Running Walk' kann ein Tennessee Walker im Takt mit dem Schritt mit den Ohren schlagen und dem Kopf nicken.
- Zur Zucht des Tennessee Walker wurde *Narragansett Pacer*, die älteste amerikanische Rasse, herangezogen.
- Ein berühmter Hengst namens Black Allan war einer der ersten Tennessee Walker. Er wurde1886 geboren.

Steckbrief

Gruppe: Leichtes Pferd
Stockmaß: 150–172 cm
Farbe: Alle Farben
Charakter: Ruhig
Ursprung: USA
Einsatz: Reiten

- Der Walker wurde für die Verwendung auf Plantagen oder Farmen in Tennessee, im Süden Amerikas, gezüchtet. Plantagenbesitzer brauchten Pferde, die bequem zu reiten waren, da sie oft den ganzen Tag im Sattel verbrachten.

- Der Tennessee Walker bewegt sich in einer sanften Art, sodass der Reiter nicht auf und ab geschüttelt wird.

- Tennessee Walking Horses waren auch Film- und Fernsehstars. Ein Walker namens Allen's Gold Zephyr spielte Trigger – das Pferd, das dem berühmten Cowboy Roy Rogers gehörte.

Quarterhorse

- Diese Rasse hat starke Hüftmuskeln. Über kurze Distanzen ist er schneller als fast alle anderen Pferdearten.
- Das Quarterhorse ist die älteste amerikanische Rasse. Sie entstand aus einer Kreuzung von englischen und spanischen Pferden.
- Quarterhorses wurden nach den Rennen über eine Viertelmeile benannt, bei denen sie oft liefen.
- Vor mehr als hundert Jahren ritten Cowboys, die auf amerikanischen Ranches arbeiteten, Quarterhorses, um Vieh zu treiben.
- Von diesen Pferden sagt man, sie besäßen einen Sinn für Kühe, denn sie wissen instinktiv, wie man eine Herde führt und hütet.
- Das Quarterhorse ist vermutlich die beliebteste Rasse der Welt. Heute gibt es ungefähr 3 Millionen Quarterhorses weltweit.

Quarterhorses können schnell Geschwindigkeit aufnehmen und die Richtung wechseln. Deshalb eignen sie sich ideal für Cowboys, um Rodeos zu reiten. In diesen Wettbewerben zeigen die Cowboys ihr ganzes Können.

Steckbrief

Gruppe: Leichtes Pferd

Stockmaß: 150–163 cm

Farbe: Alle Farben, außer Schecken

Charakter: Ruhig

Ursprung: USA

Einsatz: Reiten

Shetlandpony

- Shetlandponys gehören zu den kleinsten Pferderassen.
- Im Vergleich zur Körpergröße ist das Shetlandpony eines der stärksten Pferde der Welt.
- Früher wurden Shetlandponys für die Arbeit in Kohlenminen quer durch Großbritannien gebracht. Sie mussten unter Tag Karren durch enge Stollen ziehen.
- Die kleinen Pferde erhielten ihren Namen von den abgelegenen Shetlandinseln nördlich von Schottland, wo sie erstmals gezüchtet wurden.
- Die Pferde leben schon mehr als 2.500 Jahre auf den Shetlandinseln.
- Die heutige Rasse stammt von Ponys, die die Wikinger vor über 1.000 Jahren dorthin brachten.
- Die Shetlandinseln verfügen über wenige Bäume und es kann sehr feucht und windig sein. Das zottelige Fell hält die Tiere warm.
- Heutzutage hält man Shetlandponys in Europa und Nordamerika als Haustiere.

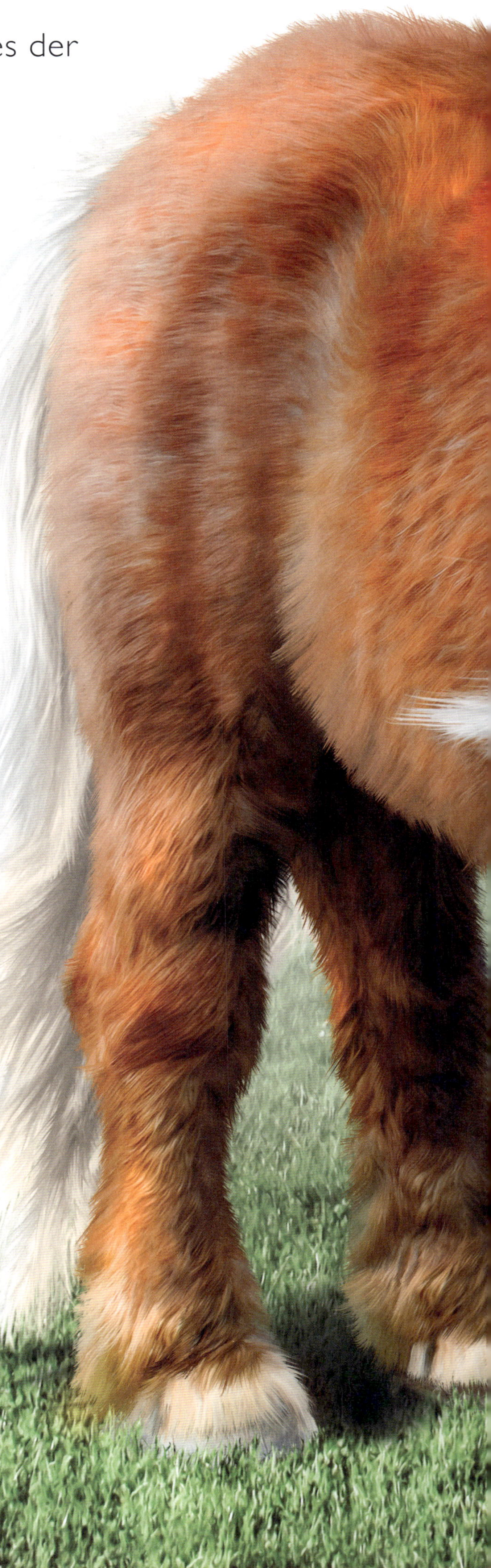

Steckbrief

Gruppe: Pony
Stockmaß: 87–107 cm
Farbe: Alle, außer Tigerschecken
Charakter: Unabhängig, stur
Ursprung: Shetlandinseln
Einsatz: Reiten, Lasten ziehen

Criollo

- Criollo-Pferde leben wild in Südamerika, auf den weiten, offenen Graslandschaften, die man ‚Pampas' nennt.
- Man sagt, die Rasse stammt von nur 100 Andalusierhengsten ab, die 1535 nach Südamerika kamen. Die Hengste segelten mit den spanischen Seefahrern auf ihren Galeonen aus Spanien über das Meer.
- Die Vorfahren des Criollo entkamen ihren spanischen Besitzern, rannten davon in die Wildnis und begannen sich fortzupflanzen.
- Der zähe Criollo passte sich an, um die extreme Hitze und Kälte in der rauen Pampa zu überleben.

- ‚Gauchos‘ treiben auf den Ebenen Südamerikas das Vieh zusammen. Die Pferde, auf denen sie reiten, stammen von den wilden Criollos ab.

- Criollos reiten über lange Distanzen. 1987 dauerte ein Ritt mit dem Criollo Sufridor von Südamerika bis zur Arktis fünfeinhalb Jahre.

Steckbrief

Gruppe: Leichtes Pferd
Stockmaß: 140–150 cm
Farbe: Gewöhnlich Falben
Charakter: Gelassen
Ursprung: Südamerika
Einsatz: Reiten, Arbeiten mit Vieh

Haflinger

- Der sanfte, freundliche Haflinger ist das perfekte Pferd für Kinder und Anfänger, um reiten zu lernen.

- Die ersten Haflinger wurden in den Bergen Österreichs und Italiens gezüchtet und nach dem Ort Hafling in Südtirol benannt.

- Alle Haflinger stammen von einem Hengst namens Folie ab, der 1874 im gebirgigen Tirol geboren wurde.

- Haflinger wurden gezüchtet, um in den rauen Alpen, den höchsten Bergen Europas, zu überleben. Diese zähen kleinen Pferde haben starke Herzen und Lungen, was ihnen das Atmen in der dünnen Bergluft erleichtert.

- Hoch oben in den Alpen brachten die Haflinger früher Güter zu den entlegenen Dörfern und Bauernhöfen.

- Das Fell der Haflinger ist immer goldbraun, mit blonder Mähne und blondem Schweif.

- Das österreichische und deutsche Heer verwendet immer noch Haflinger in steilen Bergregionen, die man mit Fahrzeugen und Maschinen nicht erreichen kann.

Vor ungefähr hundert Jahren versuchte die indische Armee, Haflinger als Packpferde in den heißen, trockenen Bergen von Indien einzusetzen. Ihr Plan scheiterte, weil die Pferde die Hitze nicht aushielten.

Steckbrief

Gruppe: Pferd

Stockmaß: 137–150 cm

Farbe: Füchse mit heller Mähne und Schweif

Charakter: Freundlich

Ursprung: Österreich

Einsatz: Reiten, Lasten ziehen

Appaloosa

- Die Appaloosas kommen aus Nordamerika und sind wegen ihres gefleckten Fells sehr bekannt.

- Man vermutet, dass der Stammvater der Appaloosas ein spanisches Pferd war, das die europäischen Siedler vor etwa 500 Jahren mit nach Amerika brachten.

- Der Indianerstamm der Nez Percé in Nordamerika züchtete den Appaloosa vor etwa 200 Jahren. Da sie ihre Pferde frei weiden ließen, erleichterte die besondere Zeichnung der Tiere es den Besitzern, sie wiederzuerkennen.

- Appaloosas wurden zuerst rund um den Palouse River gezüchtet. Früher kannte man sie als ‚Palouse-Pferde', doch nach und nach änderte sich der Name in ‚Appaloosa'.

- Das Fell der Appaloosas weist ein Muster von Punkten und Flecken auf. Diese Muster sind unterschiedlich und jedes hat einen speziellen Namen wie *Leopard*, *Frost* oder *Schneeflocke*.

Steckbrief

Gruppe: Leichtes Pferd
Stockmaß: 142 cm
Farbe: Alle Farben, meist gefleckt
Charakter: Gutmütig
Ursprung: USA
Einsatz: Reiten

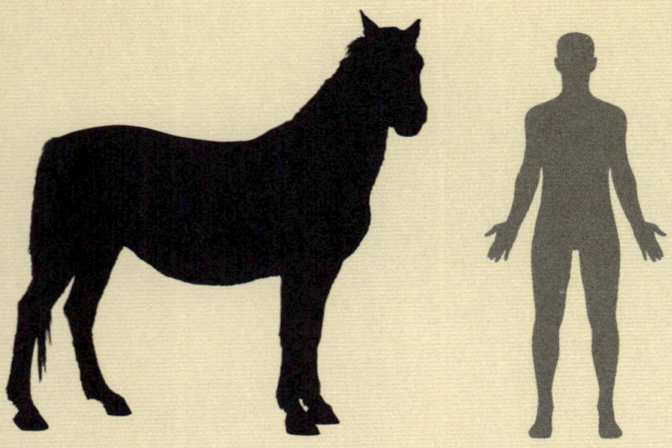

- Ein Appaloosa-Fohlen hat bei der Geburt nicht immer ein geflecktes Fell, die Flecken tauchen manchmal erst später auf.
- Bei den meisten Pferden sieht man das Weiße in den Augen nur, wenn sie die Augen nach hinten rollen. Bei Appaloosas sieht man es immer, so wie beim Menschen.
- Appaloosas haben oft gestreifte Hufe.

Welsh-Cob

- Der Welsh-Cob ist das größte unter den Welsh-Ponys, die seit Tausenden Jahren durch die Moore und Berge von Wales streifen.

- Ein ‚Cob' ist ein kleines, zähes Pferd mit starken Gliedmaßen. Cobs sind ruhige und beständige Tiere.

- Man glaubt, dass britische Ritter mit Welsh-Cobs in die Schlacht ritten. Die Cobs mussten die schwereren Schlachtrösser führen und sich anstrengen, mit den größeren und schnelleren Begleitern mitzuhalten.

- Die britische Armee nützte früher die Welsh-Cobs, um schwere Gewehre und Ausrüstung zu ziehen. Die Pferde konnte über Terrains gehen, die ein Motorfahrzeug nicht bewältigen konnte.

Steckbrief

Gruppe: Leichtes Pferd
Stockmaß: Mehr als 137 cm
Farbe: Einfarbig
Charakter: Freundlich
Ursprung: Wales
Einsatz: Reiten, Lasten ziehen

Bevor es Autos gab, war ein Welsh-Cob die beste Möglichkeit, in Wales zu reisen. Ein Pony musste seine Stärke beweisen, indem es eine 56 km lange Strecke bergauf in einer Zeit unter drei Stunden schaffte.

Bis in die 1960er-Jahre wurden Welsh-Cobs und andere Welsh-Ponys von Wagenlenkern eingesetzt, die Milch und Nahrungsmittel transportierten.

Percheron

- Diese große, starke Rasse bekam ihren Namen von Le Perche, einer historischen Region in Nordfrankreich.

- Die Vorfahren des Percheron waren wahrscheinlich die Streitrösser der Mauren aus Nordafrika. Die Invasoren versuchten vor etwa 1.300 Jahren Frankreich zu erobern und hinterließen dabei ihre Pferde.

- Dieses kräftige Arbeitspferd entstand hauptsächlich aus Kreuzungen von Araberhengsten mit Stuten aus Frankreich und Belgien.

- Ein Hengst namens Jean le Blanc war der erste Percheron – er wurde 1823 geboren. Sein Name bedeutet ‚Hans der Weiße'.

- Im Unterschied zu anderen schweren Pferden besitzt der Percheron weder Federung noch bauschiges Haar an den Unterbeinen. So bleiben diese bei der Arbeit im sumpfigen Boden sauber.

Steckbrief

Gruppe: Schweres Pferd
Stockmaß: 165–167 cm oder mehr
Farbe: Meist Schimmel, Rappen
Charakter: Ruhig, gutmütig
Ursprung: Nordfrankreich
Einsatz: Ziehen von Fuhrwerken, Kutschen und Pflügen

Ein Percheron namens Dr LeGear war berühmt für seine Größe. Er lebte vor ungefähr hundert Jahren in Missouri, im Süden der USA.

Marwari

- Diese Rasse ist nach Marwar benannt, einem trockenen, wüstenartigen Gebiet in Indien. Das historische Königreich der Marwar kennt man auch unter dem Namen Jodhpur, woher die Bezeichnung ‚Jodhpurs' für die Hosen kommt, die die Reiter damals trugen.
- Der vertrauenswürdige Marwari war legendär dafür, immer den Weg nach Hause zu finden, auch aus großer Entfernung. Er brachte seinen Reiter stets in Sicherheit, auch wenn er selbst schon verletzt war.
- Die indische Kavallerie – die Soldaten, die auf Pferden reiten – verwendete immer Marwari-Pferde.
- Wie viele andere Pferde haben Marwari ein ausgezeichnetes Gehör. Sie können entfernte Geräusche wahrnehmen und so die Reiter vor Gefahren warnen.
- Die Marwari haben lange, spitz zulaufende Ohren, deren Spitzen einander berühren, wenn sie nach innen gedreht sind.

- Die Rasse starb in den 1930er-Jahren beinahe aus, weshalb der Maharadscha (König) von Jodhpur ein Zuchtprogramm begann.

- Reinrassige Marwari sind heutzutage selten. Die indische Regierung führt Aufzeichnungen über die Rasse, um sicherzustellen, dass sie überlebt.

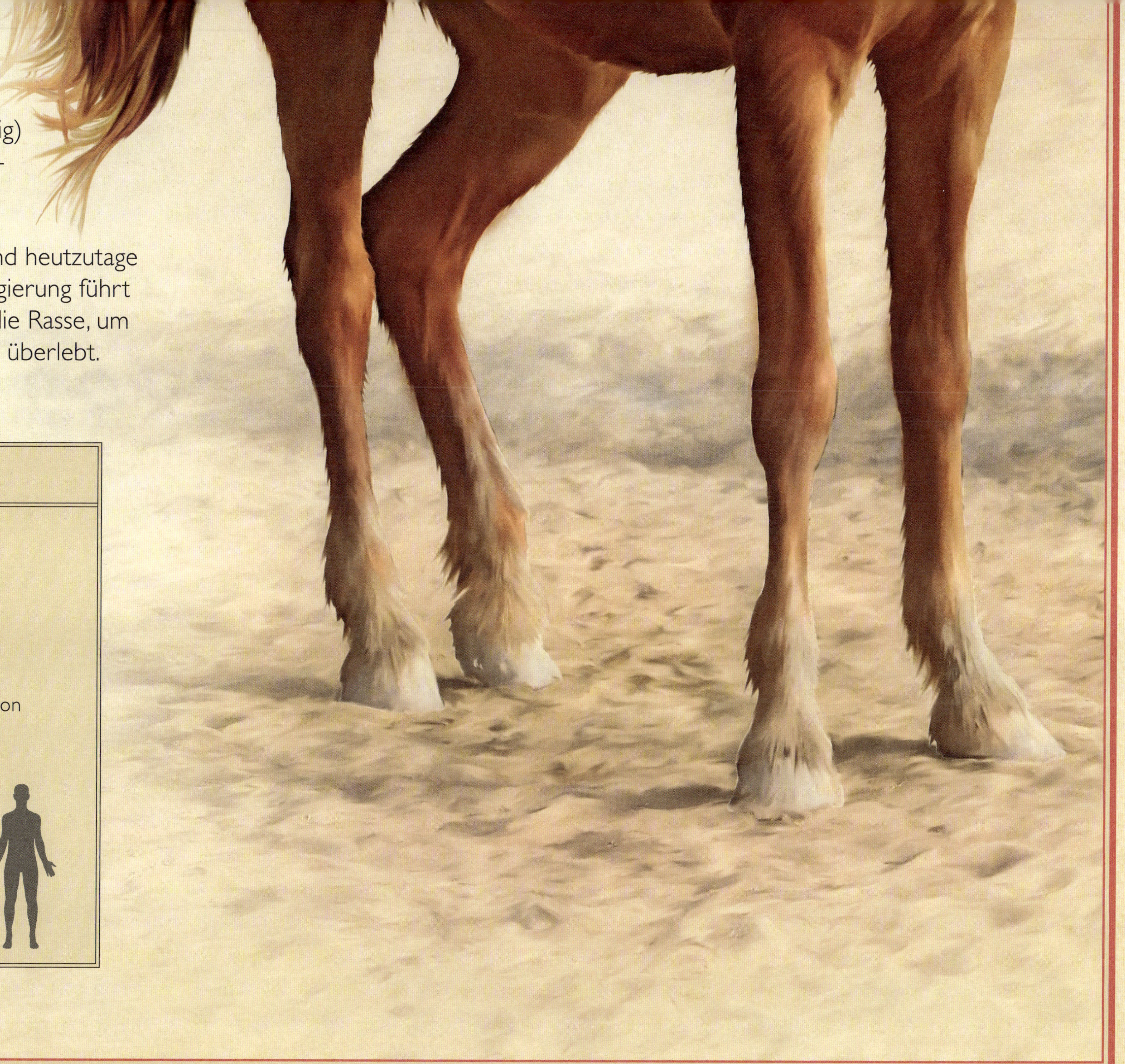

Steckbrief

Gruppe: Leichtes Pferd
Stockmaß: 152 cm
Farbe: Alle Farben
Charakter: Gutmütig
Ursprung: Indien
Einsatz: Reiten, Ziehen von Kutschen

Don-Pferd

- Das Don-Pferd stammt von halbwilden Pferden ab, die auf den weiten, baumlosen Graslandschaften, den russischen Steppen, lebten.

- Die ersten Don-Pferde wurden vor etwa zweihundert Jahren in dem Gebiet rund um den Fluss Don in Russland gezüchtet.

- Don-Pferde sind nicht so leicht zu reiten wie viele andere Pferderassen. Sie haben aufrechte Schultern, die beim Gehen und Laufen auf- und abhüpfen.

- Das Don-Pferd wurde für Zähigkeit und harte Arbeit gezüchtet. Es musste überleben können, auch wenn nicht viel Futter zur Verfügung stand.

- Stolze russische Krieger, die Kosaken, waren die ersten, die diese tapferen und flinken Pferde ritten. Die Kosaken waren höchst geschickte Reiter.

- Vor knapp über zweihundert Jahren marschierte die mächtige französische Armee in Russland ein. Tausende Kosaken auf Don-Pferden waren daran beteiligt, die Franzosen zu schlagen.

Steckbrief

Gruppe: Leichtes Pferd

Stockmaß: 157–167 cm

Farbe: Meist Goldfüchse

Charakter: Gutmütig

Ursprung: Russland

Einsatz: Reiten und Ziehen von Kutschen

Australisches Stockhorse

Das Stockhorse ist stark, schnell und fit. Es eignet sich ideal für die Arbeit auf den riesigen Rinder- und Schaffarmen im australischen Outback.

Dieses Arbeitspferd ist eine der jüngsten Rassen der Welt. Die ersten Stockhorses wurden erst vor sechzig Jahren gezüchtet.

Das australische Stockhorse stammt vom Waler ab. Das war eine Pferdeart, die nach dem Staat New South Wales im Südosten Australiens benannt war.

Steckbrief

Gruppe: Leichtes Pferd

Stockmaß: 147–162 cm

Farbe: Überwiegend Braune und Füchse

Charakter: Intelligent

Ursprung: Australien

Einsatz: Reiten, Arbeiten mit Vieh

- Obwohl es für die Verwendung auf Viehfarmen gezüchtet wurde, eignet sich das australische Stockhorse auch gut für andere Aktivitäten. Es tritt bei Pferdeshows auf und wird beim Polospiel eingesetzt.

- Das Stockhorse ist beim Campdrafting beliebt. Das ist eine australische Sportart, bei der ein Pferd mit Reiter eine Kuh über einen verzweigten Parcours führt.

- Heute verwenden australische Rancher oft Motorräder oder Hubschrauber, um das Vieh zusammenzutreiben. Aber Stockhorses werden immer noch in den rauen, gebirgigen Gebieten eingesetzt, die mit dem Auto nicht erreicht werden können.

Orlow-Traber

Der Orlow-Traber ist nach Fürst Alexej Orlow benannt, dem russischen Edelmann, der vor etwa zweihundert Jahren begann, die Rasse zu züchten.

Fürst Orlow wollte ein Pferd, das schnell, stark und ruhig war, weshalb er Araberhengste mit Stuten aus Spanien, England, den Niederlanden und Dänemark kreuzte.

Ein Araberhengst namens Smetanka war der Stammvater aller Traber. Er war ein Geschenk an Fürst Orlow, nachdem er eine wichtige Schlacht gegen die türkische Marine gewonnen hatte.

Der Orlow-Traber hat einen langen, geraden Körper und zieht Kutschen schnell und ruhig.

Man nennt die Rasse ‚Traber', weil sie imstande ist, mit hoher Geschwindigkeit zu traben, und so bei Rennen eingesetzt werden kann.

Traber werden immer noch bei Wagenrennen in ganz Russland eingesetzt. Dabei werden drei Pferde in einer *Troika* zusammengespannt. Sie laufen Seite an Seite mit ihren klingenden Glöckchen durch den Schnee.

Steckbrief

Gruppe: Leichtes Pferd

Stockmaß: 155–173 cm

Farbe: Schimmel, Füchse, Braune Rappen

Charakter: Ruhig, freundlich

Ursprung: Russland

Einsatz: Ziehen von Kutschen, Reiten, Rennen

Amerikanisches Paint Horse

- Der Name des Paint Horse kommt von den großen ‚Farbflecken' auf dem Fell. Es sieht aus, als hätte es jemand mit Farbe beschmiert.

- Paint Horses haben drei verschiedene Fellmuster, ein ‚Tobiano' ist weiß mit farbigen Flecken, ein ‚Overo' hat einen farbigen Hintergrund mit weißen Flächen und ein ‚Tovero' ist eine Mischung von beiden.

- Man sagt, dass das Paint Horse von spanischen Pferden abstammt, die in die Wildnis entkamen. Sie streiften durch die Ebenen und Wüsten des amerikanischen Westens.

Steckbrief

Gruppe: Leichtes Pferd
Stockmaß: 152–163 cm
Farbe: Schecken in allen Farben
Charakter: Gutmütig
Ursprung: USA
Einsatz: Reiten

- Amerikanische Indianer haben einen eigenen Namen für ein Paint Horse mit einem dunklen Fleck über den Ohren und dem Kopf – ‚Doktorhut'. Sie glauben, dass es sie beschützt und ihnen Glück bringt.

- Das Paint Horse kann wirklich schnell galoppieren. Cowboys und Farmer verwenden diese Rasse, weil sie flinke Pferde brauchen, um das Vieh zusammenzutreiben.

- Heute findet man amerikanische Paint Horses meist in Texas auf den warmen Prärien der USA.

Fjord-Pony

- Man vermutet, diese kleine zähe Rasse sei mit den historischen Wildpferden aus Asien und Europa verwandt. Ihre Vorfahren kamen bis Norwegen und wurden dort von den Menschen vor über 4.000 Jahren gezähmt.

- Fjorde sind lange Einschnitte in die steil abfallenden Küsten Norwegens. Das Fjord-Pony ist stark und trittsicher genug, um durch die steilen Felder rund um die Fjorde zu pflügen.

- Die Wikinger züchteten Fjord-Ponys vor 3.000 Jahren. Das wissen wir, weil man Überreste der Ponys in Grabstätten der Wikinger fand.

- In Norwegen zeigen historische Steingravuren kämpfende Hengste, die genau wie Fjord-Ponys aussehen.

- Abenteuerlustige Wikinger nahmen Fjord-Ponys als Streitrösser mit über das Meer nach Island, Britannien und Irland.

- Die Rasse besitzt ein dickes Fell, das sie im eiskalten norwegischen Winter warm hält. Meist ist die Mähne getrimmt, sodass sie wie Borstenkamm absteht.

Steckbrief

Gruppe: Pony
Stockmaß: 132–147 cm
Farbe: Falben
Charakter: Sanft
Ursprung: Norwegen
Einsatz: Reiten und Ziehen von Fuhrwerken

Alle Fjord-Ponys sind falbfarben, was einem blassen Graubraun entspricht. Manchmal haben sie dunkle Streifen entlang des Rückens.

Diese Rasse hat im Vergleich zu anderen Pferden sehr kleine Ohren. Größere Ohren würden frieren und könnten in den kalten norwegischen Wintern leicht verletzt werden.

Noriker

- Man vermutet, dass die ersten Noriker in einem Gebiet rund um den Großglockner, dem höchsten Berg Österreichs, vorkamen.
- Die Abstammung der Noriker ist nicht genau geklärt, man vermutete lange Zeit, dass sie Nachfahren von römischen Legionärspferden sind, doch Funde deuten bereits auf die Keltenzeit hin.
- Diese schwere Rasse erhielt ihren Namen von Noricum, der römischen Bezeichnung für diesen Teil des damaligen Österreichs.
- Der trittsichere Noriker hat kleine Hufe. So verliert er auf dem rutschigen Schnee in den Alpen nicht den Griff.
- Einige österreichische Berge sind zu steil, um sie mit Fahrzeugen zu erreichen. Stattdessen verwendet man auf den Bergbauernhöfen Noriker.
- Der Noriker hat einen riesigen Hals und einen breiten, runden Körper. Er hat die ideale Form, um Karren zu ziehen.

Noriker wurden früher gebraucht, um Güter zwischen Österreich und Italien zu transportieren. Sie trugen Salz, Gold und Eisen nach Italien und brachten Wein und Gewürze zurück.

Ein Wettbewerb, genannt Kufenstechen, findet jedes Jahr in Kärnten im Süden von Österreich statt. Junge Männer reiten ohne Sattel auf einem Noriker und müssen ein Holzfass mit einem Eisenstab zertrümmern.

Steckbrief

Gruppe: Schweres Pferd

Stockmaß: 155–170 cm

Farbe: Fast alle, mit einzelnen Flecken

Charakter: Freundlich

Ursprung: Österreich

Einsatz: Ziehen von Fuhrwerken

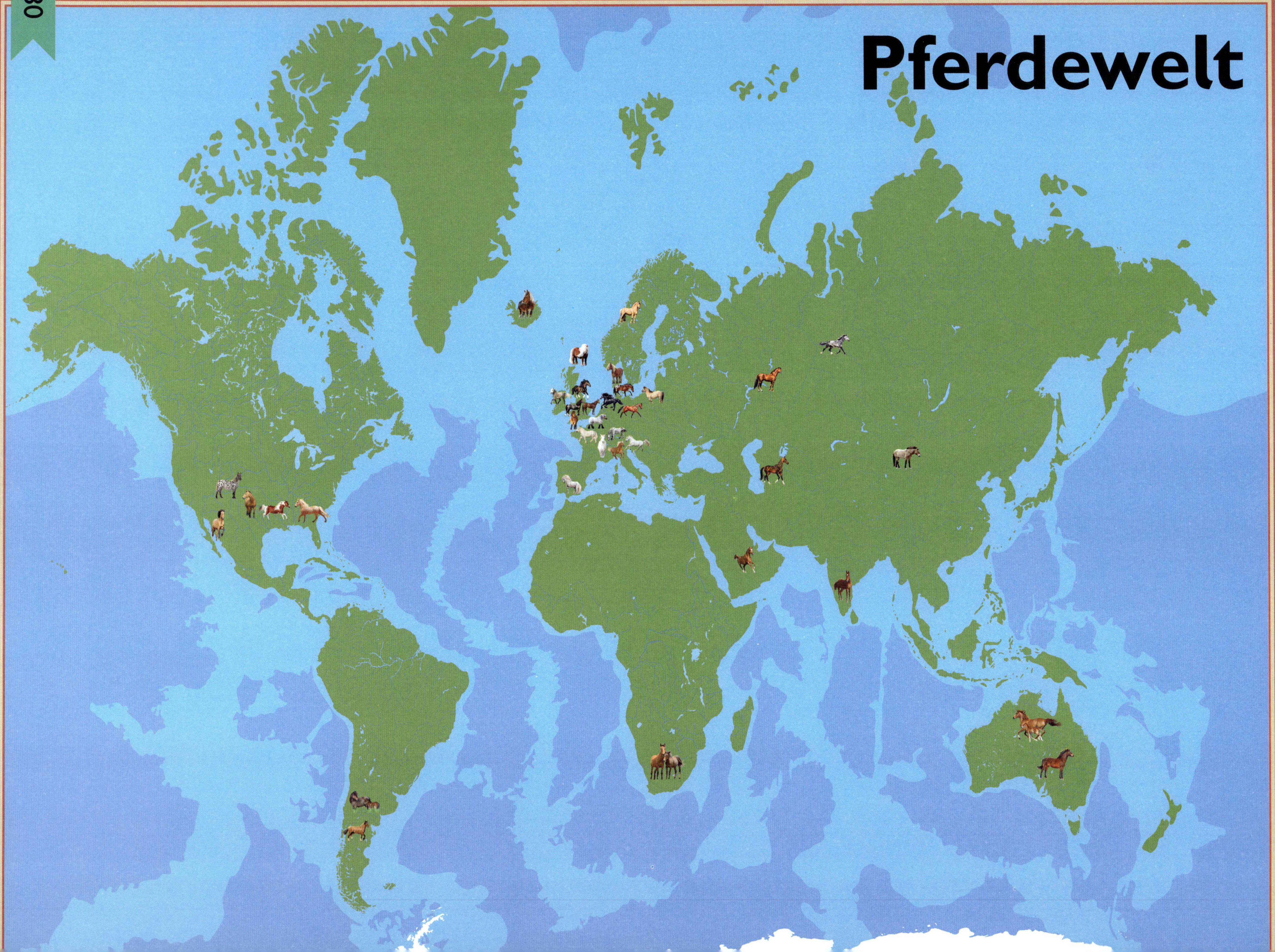
Pferdewelt